La SABIDURÍA *de los* SANTOS

BLUE SPARROW
North Palm Beach, Florida

BLUE
sparrow

Publicado por Blue Sparrow

Las citas de este libro se han extraído de decenas de fuentes. Se supone que son exactas tal y como se citan en sus formas previamente publicadas. Aunque se ha hecho todo lo posible para verificar las citas y las fuentes, la editorial no puede garantizar su perfecta exactitud.

Arte de la cubierta: Comunión de los Santos
Utilizado con permiso, Copyright 2003
John Nava/Catedral de Nuestra Señora de los Ángeles

ISBN: 978-1-63582-265-6

10 9 8 7 6 5 4 3 2 1

Impreso en los Estados Unidos de América

PRIMERA EDICIÓN

PRÓLOGO:

TARDE O TEMPRANO, we todos ascendemos o caemos al nivel de nuestros amigos. Es una verdad simple, pero que nos cambia la vida. Las personas de las que nos rodeamos elevan o reducen nuestros estándares. Nos ayudan a convertirnos en la mejor versión de nosotros mismos o nos animan a ser versiones inferiores de nosotros mismos. Nos convertimos en nuestros amigos.

El libro que tienes en tus manos es una invitación a hacerte amigo de algunos de los mejores hombres y mujeres que han existido. En estas páginas encontrarás las voces de los santos, sus mejores ideas sobre cómo vivir bien, su sabiduría más inspiradora para crecer en la virtud, y sus consejos más poderosos para entrar al corazón de Dios.

Para poder abrazar plenamente esa experiencia, primero tenemos que reconocer un obstáculo importante para conocer verdaderamente a los santos y aceptar su sabiduría. Con demasiada frecuencia consideramos a los santos como inaccesibles en su santidad. Pensamos que no son como nosotros o que es imposible que vivamos como ellos. En realidad, los deshumanizamos colocándolos en pedestales y despojándolos de la realidad de lo que fueron como seres humanos. Minimizamos sus propias dificultades para seguir la voluntad de Dios. Y olvidamos que las virtudes que practicaron y la sabiduría que adquirieron se desarrollaron en los momentos ordinarios de la vida cotidiana.

¿Cómo podemos redescubrir la hermosa humanidad de los santos? Caminando y hablando con ellos y dejando que hablen directamente a nuestras vidas. Entonces, podremos ver a los santos por lo que realmente son: no son ejemplos irreales de santidad, sino nuestros mejores compañeros y amigos en nuestra propia lucha por encontrar la alegría y dar sentido a la vida. Y al descubrir su hermosa humanidad, descubriremos la nuestra.

Al conocer a los santos a un nivel más personal, una de las cosas más hermosas que experimentarás es su rica diversidad. Cada santo era un ser humano único, con su propia personalidad. Cada uno de ellos se relacionó con Dios de una manera especial y poderosa. Y cada uno recorrió su propio camino de santidad. La Madre Teresa sirvió en la cabecera de los moribundos y abandonados. Tomás de Aquino contempló la naturaleza de Dios en su estudio. Pedro caminó con Jesús y se convirtió en la roca de la Iglesia. Teresa de Lisieux encontró a Dios en los pequeños actos de la vida ordinaria. Y la lista continúa. Hay una letanía casi interminable de ejemplos que pueden ayudar a animar nuestras vidas.

Los santos representan a todas las razas, provienen de todas las culturas y abarcan todos los siglos. Hombres y mujeres, jóvenes y viejos, ricos y pobres, introvertidos y extrovertidos, prácticos y místicos, los santos son un caleidoscopio de la experiencia humana. No hay literalmente ningún aspecto de la vida que la colección de santos no haya experimentado, ninguna emoción que no hayan sentido, ninguna duda que no hayan afrontado, ningún sufrimiento que no hayan soportado.

Por eso, dondequiera que te encuentres en tu camino espiritual, seas joven o viejo, sea cual sea tu personalidad y tus talentos únicos, y sea lo que sea que haya sucedido en tu pasado, los santos pueden ofrecerte el ánimo y la amistad que anhelas aquí y ahora.

Uno de los increíbles regalos que los santos nos hacen al enfrentarnos a las múltiples experiencias de la vida es la amplitud y profundidad de sus propias experiencias colectivas. Todo lo que vas a experimentar ha sido experimentado por un santo. Todo.

Pero quizá el mayor legado de los santos es que no nos han dejado descubrir las claves de la buena vida por nuestra cuenta o desde cero. En lo físico, en lo emocional, en lo intelectual y, sobre todo, en lo espiritual, los santos se han adelantado y han trazado el camino hacia una mayor plenitud y felicidad para nosotros. Y ahora, en las palabras que siguen, te ofrecen la sabiduría más esencial que necesitarás para tu propio viaje.

¿Cómo cambiará tu vida si te haces amigo de los santos? En muchos sentidos, la respuesta será profundamente personal para ti. Los santos te aportarán la sabiduría sorprendente, relevante y transformadora que necesitas para llegar a ser perfectamente tú mismo. Será una experiencia tan hermosa y única como tú. Pero hay una forma en que la amistad con los santos nos cambia a todos, sin importar quiénes somos o de dónde venimos.

Una amistad con los santos siempre nos lleva a una amistad con Dios. Esta es la marca de todas las grandes amistades y cada santo nos la ofrece plenamente. En la asombrosa variedad de los santos, encontramos que lo que los une a todos es que cada uno de ellos pasó su vida acercándose a Dios. Los santos conocen a Dios de la manera íntima en que nosotros anhelamos conocerlo. Están envueltos en su amor y quieren atraernos a esa experiencia. Acepta su invitación y tu vida no volverá a ser la misma.

Ningún hombre se hace grande por sí mismo. Ninguna mujer se hace grande por sí misma. Todos necesitamos personas en nuestras vidas que nos inspiren, nos muestren lo que es posible, eleven nuestros estándares, nos recuerden nuestro propósito esencial y nos desafíen a convertirnos en la mejor versión de nosotros mismos. Espero que este libro te ayude a entablar una nueva y más profunda amistad con los santos, para que puedas conocer, amar y servir a Dios como nunca antes.

— MATTHEW KELLY

ENERO

1 de enero — *Confiar en Dios*

«Sé lo que Dios quiso que fueras y harás arder el mundo».

– Santa Catalina de Siena

2 de enero — *Vida*

«Reza como si todo dependiera de Dios. Trabaja como si todo dependiera de ti».

– San Agustín

3 de enero — *Tristeza*

«La tierra no tiene ninguna tristeza que el Cielo no pueda curar».

– Santo Tomás Moro

4 de enero — *Vida*

«Vive con sencillez para que otros puedan vivir con sencillez».

– Santa Isabel Ana Seton

5 de enero — *Redención*

«No es perfecto el que empieza bien. Es el que termina bien el que es aprobado a los ojos de Dios».

– San Basilio el Grande

6 de enero — *Oración*

«Un hombre de oración es capaz de todo».

– San Vicente de Paúl

7 de enero — *Misericordia*

«La misericordia es el mayor atributo de Dios».

– Santa Faustina

8 de enero — *Alegría*

«El alma de quien sirve a Dios siempre nada en la alegría, siempre se mantiene festivo, y siempre tiene ganas de cantar».

– San Juan de la Cruz

9 de enero — *Confianza en Dios*

«Nada puede sucederme que Dios no quiera. Y todo lo que Él quiere, por muy malo que nos parezca, es realmente para bien».

– Santo Tomás Moro

10 de enero — *Amistad*

«Dios nos envía amigos para que sean nuestro firme apoyo en el remolino de la lucha. En la compañía de los amigos, encontraremos la fuerza para alcanzar nuestro sublime ideal».

– San Maximiliano Kolbe

11 de enero — *Feminidad*

«Tú, que tienes el reino de los Cielos, no eres una pobre mujercita, sino una reina».

– San Jordán de Sajonia

12 de enero — *Crianza de los hijos*

«Si quieres llevar la felicidad a todo el mundo, ve a casa y ama a tu familia».

– Madre Teresa

13 de enero — *Trabajo*

«El primer fin que propongo en nuestro trabajo diario es hacer la voluntad de Dios; en segundo lugar, hacerlo de la manera que Él quiere; y en tercer lugar, hacerlo porque es Su voluntad».

– Santa Isabel Ana Seton

14 de enero — *Matrimonio*

«Se necesitan tres para hacer el amor, no dos: tú, tu cónyuge y Dios. Sin Dios, las personas solo consiguen sacar lo peor del otro. Los amantes que no tienen otra cosa que hacer que amarse pronto descubren que no hay nada más. Sin una lealtad central la vida está inconclusa».

– Fulton Sheen

15 de enero — *Verdadera fuerza*

«Aprende a ser más fuerte de espíritu que de músculos. Si lo eres, serás un verdadero apóstol de la fe en Dios».

– Beato Pier Giorgio Frassati

16 de enero — *Riqueza*

«Tu riqueza se mide por la falta de tus necesidades, no por la abundancia de tus posesiones».

– San Charbel Makhlouf

17 de enero — *Sacrificio*

«El bien nunca se realiza si no es a costa de quienes lo hacen, la verdad nunca se abre paso si no es con el sacrificio de los que la difunden».

– San John Henry Newman

18 de enero — *Verdadera grandeza*

«¿Aspiras a grandes cosas? Empieza por las pequeñas».

– San Benito

19 de enero — *Sociedad*

«El desorden en la sociedad es el resultado del desorden en la familia».

– Santa Ángela Merici

20 de enero — *Nuestras cruces en la vida*

Cita: «No hay cruz que cargar que Cristo no haya nacido ya por nosotros, y no la lleve ahora con nosotros».

– San Juan Pablo II

21 de enero — *Sagrada Escritura*

«Dedícate constantemente a la oración o a la lectura de la Escritura; rezando, hablas con Dios, leyendo, Dios te habla».

– San Cipriano de Cartago

22 de enero — *Sufrimiento*

«Si Dios te hace sufrir mucho, es señal de que tiene grandes designios para ti, y de que ciertamente se propone hacerte santo».

– San Ignacio de Loyola

23 de enero — *Paciencia*

«Los frutos de la tierra no se perfeccionan de forma inmediata, sino con el tiempo, la lluvia y los cuidados; de igual manera, los frutos de los hombres maduran con la práctica ascética, el estudio, el tiempo, la perseverancia, el autocontrol y la paciencia».

– San Antonio el Grande

24 de enero — *Confianza en Dios*

«Quien te da el día te dará también las cosas necesarias para el día».

– San Gregorio de Nisa

25 de enero — *La cruz*

«Siempre que te den una cruz, asegúrate de abrazarla con humildad y gratitud. Si Dios, en Su infinita bondad, te favorece con una cruz de cierta importancia, no dejes de agradecérselo de manera especial».

– San Luis de Montfort

26 de enero — *Oración*

«Cuanto mayor y más persistente sea tu confianza en Dios, más abundantemente recibirás todo lo que pidas».

– San Alberto Magno

27 de enero — *Gracia*

«La gracia viene después de la tribulación».

– Santa Rosa de Lima

28 de enero — *Virtud*

«Nunca podemos saber cuán paciente o humilde es alguien cuando todo le va bien. Pero cuando los que deberían cooperar con él hacen exactamente lo contrario, entonces podemos saberlo. Un hombre tiene tanta paciencia y humildad como tiene entonces, y no más».

– San Francisco de Asís

29 de enero — *Felicidad*

«El secreto de la felicidad es vivir momento a momento y agradecer a Dios todo lo que Él, en Su bondad, nos envía día a día».

– Santa Giana Molla

30 de enero — *Decepción*

«Si estás decepcionado, no digas cosas duras. Solo piensa un poco, reza un poco, y trata de recordar que Dios traerá lo mejor en Su propio tiempo».

– Santa María MacKillop

31 de enero — *Posesiones materiales*

«No aspires a tener más, sino a ser más».

– San Óscar Romero

FEBRERO

1 de febrero — *Valor*

«Avanza con valentía. No temas nada. Confía en Dios; todo irá bien».

– Santa Juana de Arco

2 de febrero — *Verdad*

«Di la verdad con un millón de voces. El silencio es lo que mata».

– Santa Catalina de Siena

3 de febrero — *Amor al prójimo*

«Todo ser humano es prójimo de cualquier otro ser humano. ¿Se conoce a esta persona como un amigo? Que se quede como amigo. ¿Esta persona es tu enemigo? Deja que se convierta en un amigo».

– San Agustín

4 de febrero — *Evangelización*

«Las acciones hablan más que las palabras; que tus palabras enseñen y tus acciones hablen».

– San Antonio de Padua

5 de febrero — *Amistad*

«Huye de las malas compañías como de la mordedura de una serpiente venenosa. Si conservas buenas compañías, te aseguro que un día te alegrarás con los bienaventurados en el Cielo; en cambio, si te mantienes con los que son malos, tú mismo te volverás malo, y correrás el peligro de perder tu alma».

– San Juan Bosco

6 de febrero — *Felicidad*

«No necesito nada en este mundo para ser feliz. Solo necesito ver a Jesús en el Cielo, a quien ahora veo y adoro en el Altar con los ojos de la fe».

– Santo Domingo Savio

7 de febrero — *Estudio*

«Nunca comiences ni termines tu estudio, sino con la oración».

– San Vicente Ferrer

8 de febrero ——— *Gozo*

«Una palabra o una sonrisa bastan a menudo para poner vida fresca en un alma abatida».

– Santa Teresa de Lisieux

9 de febrero ——— *Fe*

«Las grandes ocasiones para servir a Dios llegan pocas veces, pero las pequeñas nos rodean a diario».

– San Francisco de Sales

10 de febrero ——— *La misericordia de Dios*

«No hay santo sin pasado, ni pecador sin futuro».

– San Agustín

11 de febrero ——— *Trabajo*

«El que trabaja mientras reza eleva su corazón a Dios con sus manos».

– San Benito

12 de febrero — *Masculinidad*

«Es casi una definición de caballero decir que es aquel que nunca inflige dolor».

– San Juan Enrique Newman

13 de febrero — *Acción de gracias*

«Atribuye a Dios todo bien que hayas recibido. Si te atribuyes algo que no te pertenece, serás culpable de robo».

– San Antonio de Padua

14 de febrero — *Relaciones*

«Cuando un joven o una joven reconocen que el amor auténtico es un tesoro precioso, se capacitan también para vivir su sexualidad de acuerdo con el designio divino, rechazando los falsos modelos que, por desgracia, se difunden con demasiada frecuencia y están muy extendidos».

– San Juan Pablo II

15 de febrero — *Éxito*

«La suerte es cuando se presenta una oportunidad y te has preparado para ella».

– San Patricio

16 de febrero —— *Ayudar a los demás*

«Solo puede ser vergonzoso que algunos cristianos ronquen mientras otros cristianos están en peligro».

– Santo Tomás Moro

17 de febrero —— *Abstinencia*

«La abstinencia es la madre de la salud. Prescindir de algunas onzas es una excelente receta para cualquier dolencia».

– Beato Antonio Grassi

18 de febrero —— *Santidad*

«Una sierva no es santa si no está ocupada».

– Santa Zita

19 de febrero —— *Deporte*

«Una vez le preguntaron a un santo, mientras jugaba alegremente con sus compañeros, qué haría si un ángel le dijera que en un cuarto de hora moriría y tendría que comparecer ante el tribunal de Dios. El santo contestó que seguiría jugando porque estaba seguro de que esos juegos eran agradables a Dios».

– San Juan Bosco

20 de febrero — *Santidad*

«No se puede ser medio santo; hay que ser todo un santo o no serlo».

– Santa Teresa de Lisieux

21 de febrero — *Posesiones materiales*

«Nací pobre, he vivido pobre, quiero morir pobre».

– San Pío X

22 de febrero — *Nuestras cruces en la vida*

«Las cruces nos liberan de este mundo y, al hacerlo, nos unen a Dios».

– San Carlos de Foucauld

23 de febrero — *Oración*

«El éxito de tu meditación matutina dependerá en gran medida de lo que hayas comido la noche anterior».

– San Alfonso María de Ligorio

24 de febrero — *Perdón*

«El resentimiento es como tomar veneno y esperar que la otra persona muera».

– San Agustín

25 de febrero — *Penitencia*

«Debes contentarte con hacer lo que Él quiere, pues se sacia con mucho menos de lo que le debes».

– Beato Sebastián Valfre

26 de febrero — *Ama a tus enemigos*

«Debemos mostrar amor por los que nos hacen mal y rezar por ellos. Nada es más querido ni más agradable a Dios que esto».

– Santa Brígida de Suecia

27 de febrero — *Voluntad de Dios para nosotros*

«¡Cristiano, recuerda tu dignidad!"

– Papa San León Magno

28 de febrero ______ *Paz en Cristo*

«Que nada te perturbe, que nada te asuste; todas las cosas son pasajeras; Dios nunca cambia».

– Santa Teresa de Ávila

29 de febrero ______ *Felicidad*

«Encuentra la felicidad en hacer felices a los demás».

– Santa María MacKillop

MARZO

1 de marzo — *Oración*

«Cada día, cuando tu corazón sienta especialmente la soledad de la vida, reza».

– Padre Pío

2 de marzo — *Amor*

«Nacemos para amar, vivimos para amar y moriremos para amar aún más».

– San José Cafasso

3 de marzo — *Felicidad*

«Tengo mi habitación, algunos libros y una capilla cercana. Eso es la felicidad completa».

– San Miguel de Ecuador

4 de marzo — *Amor*

«Nada es más hermoso que el amor. En efecto, la fe y la esperanza terminarán cuando muramos, mientras que el amor, es decir, la caridad, durará toda la eternidad; si acaso, ¡creo que estará aún más vivo en la otra vida!»

– Beato Pier Giorgio Frassati

5 de marzo ——— *Confiar en Dios*

«Te pedí y no quisiste escuchar; entonces le pedí a mi Dios y Él sí me escuchó».

– Santa Escolástica

6 de marzo ——— *Orden*

«El desorden externo y el desorden son signos de desorden interno».

– San Francisco de Sales

7 de marzo ——— *Los pobres*

«Acude a los pobres: encontrarás a Dios».

– San Vicente de Paúl

8 de marzo ——— *Fe*

«Empieza por hacer lo necesario; luego haz lo posible; y de repente estarás haciendo lo imposible».

– San Francisco de Asís

9 de marzo — *Fe*

«No los bienes del mundo, sino Dios. No las riquezas, sino Dios. No los honores, sino Dios. No la distinción, sino Dios. No las dignidades, sino Dios. No los avances, sino Dios. Dios siempre y en todo».

– San Vicente Pallotti

10 de marzo — *Sacrificio*

«No pierdas ni una sola oportunidad de hacer algún pequeño sacrificio, aquí con una mirada sonriente, allí con una palabra amable; haciendo siempre el más pequeño bien y haciéndolo todo por amor».

– Santa Teresa de Lisieux

11 de marzo — *Intimidad con Dios*

«Como todos los hombres son tocados por el amor de Dios, así también todos son tocados por el deseo de Su intimidad. Nadie escapa de este anhelo; todos somos reyes en el exilio, miserables sin el Infinito».

– Fulton Sheen

12 de marzo ——— *Feminidad*

«Cada mujer que vive a la luz de la eternidad puede realizar su vocación, no importa si es en el matrimonio, en una orden religiosa o en una profesión mundana».

– *Santa Edith Stein*

13 de marzo ——— *Crianza de los hijos*

«Si tuviera que aconsejar a los padres, les diría que tuvieran mucho cuidado con las personas con las que se relacionan sus hijos... Mucho daño puede resultar de las malas compañías, y estamos inclinados por naturaleza a seguir lo que es peor que lo que es mejor».

– *Santa Isabel Ana Seton*

14 de marzo ——— *Sociedad y cultura*

«¿Te sorprende que el mundo esté perdiendo el control? ¿Que el mundo haya envejecido? No te aferres al hombre viejo, ni al mundo; no te niegues a recuperar tu juventud en Cristo, que te dice: "El mundo pasa, el mundo pierde su fuerza, el mundo se queda sin aliento. No temas, tu juventud se renovará como un águila"».

– *San Agustín*

15 de marzo — *Relaciones de pareja*

«Así como buscas un cónyuge virtuoso, es conveniente que tú seas lo mismo».

– San Bernardino

16 de marzo — *Enseñanza*

«Más vale instruir a un niño que coleccionar riquezas».

– San Hervé de Bretaña

17 de marzo — *Evangelización*

«Para convertir a alguien, anda, tómalo de la mano y guíalo».

– Santo Tomás de Aquino

18 de marzo — *Verdadero éxito*

«El éxito en la vida consiste en permanecer sin vergüenza ante Dios».

– San Charbel Makhlouf

19 de marzo — *Orden*

«Si tus libros están en orden, tu vida también lo estará».

– San Raimundo de Peñafort

20 de marzo — *Sociedad*

«La sociedad actual no reza. Por eso se desmorona».

– San Padre Pío

21 de marzo — *Amor al prójimo*

«Si te enojas con tu prójimo, te enojas con Dios... Honra a tu prójimo y habrás honrado a Dios».

– San Efrén el sirio

22 de marzo — *Sufrimientos de Jesús*

«¡Cómo podría llevar yo una corona de oro cuando el Señor lleva una corona de espinas y la lleva por mí!».

– Santa Isabel de Hungría

23 de marzo ______________ *Tesoros terrenales*

«No es pecado tener riquezas, sino fijar nuestro corazón en ellas».

– San Juan Bautista de la Salle

24 de marzo ____________________ *El Rosario*

«Aunque estés al borde de la condenación, aunque tengas un pie en el infierno, aunque hayas vendido tu alma al diablo como los hechiceros que practican la magia negra, y aunque seas un hereje tan obstinado como un diablo, tarde o temprano te convertirás y enmendarás tu vida y salvarás tu alma, si —y fíjate bien en lo que digo— rezas devotamente el Santo Rosario todos los días hasta la muerte con el fin de conocer la verdad y obtener la contrición y el perdón de tus pecados».

– San Luis de Montfort

25 de marzo ____________________ *Tentación*

«Cuando seas tentado, invoca a tu Ángel. Él está más deseoso de ayudarte que tú de ser ayudado. Ignora al demonio y no le tengas miedo: tiembla y huye a la vista de tu Ángel de la Guarda».

– San Juan Bosco

26 de marzo ——— *Tribulaciones*

«Sin la lucha de las aflicciones, es imposible alcanzar la altura de la gracia. El don de la gracia aumenta a medida que aumentan las luchas».

– Santa Rosa de Lima

27 de marzo ——— *Desolación*

«En tiempos de desolación nunca debes hacer un cambio, sino mantenerte firme en las resoluciones y decisiones que te guiaron el día anterior a la desolación».

– San Ignacio de Loyola

28 de marzo ——— *Humildad*

«Hagas lo que hagas, no pienses en ti mismo, sino en Dios».

– San Vicente Ferrer

29 de marzo ——— *Comunidad*

«Cuando ves a un hermano, ves a Dios».

– San Clemente de Alejandría

30 de marzo ___ *Intimidad con Dios*

«Retírate a menudo en lo más profundo de tu ser, y allí con fe viva descansa sobre el pecho de Dios, como un niño, en el sagrado silencio de la fe y del santo amor».

– San Pablo de la Cruz

31 de marzo ___ *Alegría*

«Porque Cristo el Señor ha resucitado. Nuestra alegría que no tiene fin».

– San Juan de Damasco

ABRIL

1 de abril — *Amor*

«Se aprende a hablar hablando, a estudiar estudiando, a correr corriendo, a trabajar trabajando, y así mismo, se aprende a amar amando. Todos los que piensan aprender de otra manera se engañan a sí mismos».

– San Francisco de Sales

2 de abril — *Buenos pensamientos*

«Ocupa tu mente con buenos pensamientos, o el enemigo la llenará de malos».

– Santo Tomás Moro

3 de abril — *Prioridades*

«Las cosas que amamos nos dicen lo que somos».

– Santo Tomás de Aquino

4 de abril — *Amistad*

«Un amigo es largamente buscado, difícilmente encontrado, y con dificultad conservado».

– San Jerónimo

5 de abril — *Servir a los demás*

«Nada parece pesado o doloroso cuando se trabaja para un Maestro que paga bien; que recompensa hasta un vaso de agua fría dado por amor a Él».

– Santo Domingo Savio

6 de abril — *Evangelización*

«Debemos sembrar la semilla, no acapararla».

– Santo Domingo

7 de abril — *Esperanza*

«Tus ofensas acumuladas no superan la multitud de las misericordias de Dios: tus heridas no superan la habilidad del gran Médico».

– San Cirilo de Jerusalén

8 de abril — *Conocer a Dios*

«Para que puedas conocer a Dios, primero conócete a ti mismo».

– San Cipriano de Cartago

9 de abril — *Confianza en Dios*

«Échate en los brazos de Dios y estate muy seguro de que si Él quiere algo de ti, te capacitará para la obra y te dará fuerzas».

– San Felipe Neri

10 de abril — *Lectura*

«Lee algún capítulo de un libro devoto. Dios te habla cuando lees».

– San Vicente de Paúl

11 de abril — *Trabajo*

«Sin trabajo, es imposible divertirse».

– Santo Tomás de Aquino

12 de abril — *Oportunidad*

«El que pierde una oportunidad es como el hombre que deja volar un pájaro de su mano, pues nunca lo recuperará».

– San Juan de la Cruz

13 de abril ——— *La Iglesia*

«La Iglesia es como un gran barco golpeado por las olas de las diferentes tensiones de la vida. Nuestro deber no es abandonar la nave, sino mantenerla en su rumbo».

– San Bonifacio de Maguncia

14 de abril ——— *Justicia*

«La fuente de la justicia no es la venganza, sino la caridad».

– Santa Brígida de Suecia

15 de abril ——— *La creación de Dios*

«Encontrarás una satisfacción más plena en los bosques que en los libros. Los árboles y las rocas te enseñarán lo que no puedes oír de los maestros».

– San Bernardo de Claraval

16 de abril ——— *Enseñanza*

«¿Qué hay más noble que gobernar las mentes o moldear el carácter de los jóvenes?».

– San Juan Crisóstomo

17 de abril ______________________ *Muerte*

«Porque confío en que, sea cual sea la forma en que muera, no seré privado de la misericordia de mi Dios».

– Santa Gertrudis

18 de abril ______________________ *Cambio*

«Nada grande se logra sin soportar mucho».

– Santa Catalina de Siena

19 de abril ___________________ *Tradiciones*

«Cuando voy a Roma, ayuno el sábado, pero en Milán no lo hago. Sigue también la costumbre de la iglesia a la que asistas, si no quieres dar o recibir escándalo».

– San Ambrosio de Milán

20 de abril _____________ *Verdadera pobreza*

«A veces pensamos que la pobreza es solo estar hambriento, desnudo y sin hogar. La pobreza de ser indeseado, no amado y no atendido es la mayor pobreza. Debemos empezar en nuestros propios hogares para remediar este tipo de pobreza».

– Madre Teresa

21 de abril ______ *Sufrimiento*

«El sufrimiento es una gracia enorme; a través del sufrimiento el alma se asemeja al Salvador; en el sufrimiento el amor se cristaliza; cuanto mayor es el sufrimiento, más puro es el amor».

– Santa Faustina

22 de abril ______ *Silencio*

«El silencio es un don de Dios, para permitirnos hablar más íntimamente con Él».

– San Vicente Pallotti

23 de abril ______ *Resurrección*

«No olvidemos que Jesús no solo sufrió, sino que también resucitó en la gloria; así, también nosotros vamos a la gloria de la Resurrección por medio del sufrimiento y de la Cruz».

– San Maximiliano Kolbe

24 de abril ___ *Generosidad*

«Sean generosos con los pobres huérfanos y los necesitados. El hombre con el que el Señor ha sido generoso no debe ser tacaño. Un día encontraremos en el Cielo tanto descanso y alegría como nosotros mismos hemos dispensado en esta vida».

– San Ignacio de Loyola

25 de abril ___ *Nuestras cruces en la vida*

«La Cruz no te aplastará; si su peso te hace tambalear, su poder también te sostendrá».

– Padre Pío

26 de abril ___ *Vida*

«Vive para no temer a la muerte. Para quien vive bien en el mundo, la muerte no es temible, sino dulce y preciosa».

– Santa Rosa de Viterbo

27 de abril ___ *Confiar en Dios*

«Mantén tus ojos en Dios y deja el hacer a Él. Ese es todo el hacer del que tienes que preocuparte».

– Santa Juana Francisca de Chantal

28 de abril — *Oración*

«La oración no es otra cosa que estar en términos de amistad con Dios».

– Santa Teresa de Ávila

29 de abril — *Amor*

«Te amaré, te amaré siempre; cuando amanezca el día, cuando la tarde se convierta en noche, a cada hora, en cada momento; te amaré siempre, siempre, siempre».

– Santa Gema Galgani

30 de abril — *El Cielo*

«Jesús me dijo: "Mi Cielo no estaría completo sin ti"».

– Santa Gertrudis la Grande

MAYO

1 de mayo — *Alimentar a los hambrientos*

«Si no puedes alimentar a cien personas, alimenta solo a una».

– Madre Teresa

2 de mayo — *Ocupación*

«No podemos hacerlo todo, y hay una sensación de liberación al darse cuenta de ello».

– San Óscar Romero

3 de mayo — *Tiempos malos*

«No hay tiempos tan malos que un hombre bueno no pueda vivir en ellos».

– Santo Tomás Moro

4 de mayo — *Vida*

«La mejor manera de prepararse para la muerte es pasar cada día de la vida como si fuera el último».

– San Felipe Neri

5 de mayo ________________ *Cambio*

«Vivir es cambiar, y ser perfecto es haber cambiado a menudo».

– San Juan Enrique Newman

6 de mayo ________________ *Oración*

«Todo, incluso barrer, raspar las verduras, desherbar un jardín y atender a los enfermos podría ser una oración, si se ofreciera a Dios».

– San Martín de Porres

7 de mayo ________________ *Desarrollo personal*

«Bueno, mejor, mucho mejor. Nunca lo dejes descansar. Hasta que tu bien sea mejor y tu mejor sea lo mejor».

– San Jerónimo

8 de mayo ________________ *Vida de fe*

«Dios no nos dijo que lo siguiéramos porque necesitaba nuestra ayuda, sino porque sabía que amándolo nos haría completos».

– San Ireneo

9 de mayo — *Amor*

«A lo que amamos llegaremos a parecernos».

– San Bernardo

10 de mayo — *Buenas obras*

«Quien hace una obra pura y entera para Dios merece todo un reino».

– San Juan de la Cruz

11 de mayo — *Vida familiar*

«La familia que reza unida permanece unida, y si permanece unida se amará como Dios ha amado a cada uno de ellos. Y las obras de amor son siempre obras de paz».

– Madre Teresa

12 de mayo — *Salud*

«Viajo, trabajo, sufro mi débil salud, me encuentro con mil dificultades, pero todo esto no es nada, porque este mundo es muy pequeño. Para mí, el espacio es un objeto imperceptible, ya que estoy acostumbrada a habitar en la eternidad».

– Santa Francisca Javier Cabrini

13 de mayo ——— *Relaciones*

«Cuando un hombre ama a una mujer, tiene que hacerse digno de ella. Cuanto más elevada sea su virtud, cuanto más noble sea su carácter, cuanto más dedicada sea a la verdad, a la justicia, a la bondad, tanto más tiene que aspirar el hombre a ser digno de ella. La historia de la civilización podría escribirse en términos del nivel de sus mujeres».

– Fulton Sheen

14 de mayo ——— *Obediencia*

«El que es verdaderamente obediente no espera una orden, sino que, en cuanto sabe lo que su superior desea que se haga, se pone inmediatamente a trabajar, sin esperar una orden».

– San Alberto Magno

15 de mayo ——— *Deporte*

«El deporte, bien dirigido, desarrolla el carácter, hace al hombre valiente, perdedor generoso y vencedor amable».

– San Pío X

16 de mayo ——— *Muerte*

«El negocio del cristiano no es otra cosa que prepararse siempre para la muerte».

– San Ireneo

17 de mayo ——— *Generosidad*

«Cuida tu salud, para que te sirva para servir a Dios».

– San Francisco de Sales

18 de mayo ——— *Evangelización*

«Aquí hay muchísimas personas que no se hacen cristianas por una sola razón: no hay nadie que las haga cristianas».

– San Francisco Javier

19 de mayo ——— *Misericordia*

«Que nadie dude de la bondad de Dios; aunque los pecados de una persona fueran tan oscuros como la noche, la misericordia de Dios es más fuerte que nuestra miseria».

– Santa Faustina

20 de mayo ——— *Eucaristía*

«La Eucaristía es un fuego que nos inflama».

– San Juan de Damasco

21 de mayo ——— *Nuestras cruces en la vida*

«Los cristianos deben apoyarse en la Cruz de Cristo, así como los viajeros se apoyan en un bastón cuando inician un largo viaje».

– San Antonio de Padua

22 de mayo ——— *Nuestra Señora*

«Un día, mediante el Rosario y el Escapulario, la Virgen salvará al mundo».

– Santo Domingo

23 de mayo ——— *Buenas obras*

«Sé bien que mientras más grande y hermosa sea la obra, más terribles serán las tormentas que se desaten contra ella».

– Santa Faustina

24 de mayo ________________ *Oración*

«Toma incluso el pan con moderación, no sea que un estómago sobrecargado te canse de la oración».

– San Bernardo de Claraval

25 de mayo ________________ *Tentaciones*

«Para los que son justos y rectos, las tentaciones se convierten en ayudas».

– San Efrén el Sirio

26 de mayo ________________ *Generosidad*

«Los hombres pierden todas las cosas materiales que dejan atrás en este mundo, pero llevan consigo la recompensa de su caridad y las limosnas que dan. Por ellas, recibirán del Señor el premio y la recompensa que merecen».

– San Francisco de Asís

27 de mayo ________________ *Ociosidad*

«La ociosidad es el enemigo del alma».

– San Benito

28 de mayo — *Sufrimiento*

«Si hay un verdadero camino que conduce al Reino Eterno, es sin duda el del sufrimiento, pacientemente soportado».

– Santa Colette

29 de mayo — *Paciencia*

«La paciencia es la raíz y el guardián de todas las virtudes».

– San Gregorio Magno

30 de mayo — *Felicidad*

«La felicidad solo se encuentra en el hogar donde se ama y honra a Dios, donde cada uno ama, y ayuda, y cuida a los demás».

– Beato Teófano Venard

31 de mayo — *Preocupación*

«Reza, espera y no te preocupes. La preocupación es inútil. Dios es misericordioso y escuchará tus oraciones».

– Padre Pío

JUNIO

1 de junio — *Amor*

«Difunde el amor allá donde vayas. Que nadie se acerque a ti sin dejarte más contento».

– Madre Teresa

2 de junio — *Lo correcto y lo incorrecto*

«Lo correcto es correcto si nadie lo hace; lo incorrecto es incorrecto aunque todo el mundo lo haga».

– San Agustín

3 de junio — *El Cielo*

«He encontrado el Cielo en la tierra, ya que el Cielo es Dios, y Dios es mi alma».

– Santa Isabel de la Trinidad

4 de junio — *Humildad*

«No todo hombre tranquilo es humilde, pero todo hombre humilde es tranquilo».

– San Isaac el sirio

5 de junio — *Buenas obras*

«No soy capaz de hacer grandes cosas, pero quiero hacerlo todo, incluso lo más pequeño, para la mayor gloria de Dios».

– Santo Domingo Savio

6 de junio — *Confiar en Dios*

«Sabía que Dios se encargaría de todo y que al final todo se arreglaría».

– Santa María MacKillop

7 de junio — *Chismes*

«No hay que hacer caso a las habladurías, ni mucho menos enfermarse cediendo a quienes quizá nunca han conocido lo que es la verdad».

– Beato Pier Giorgio Frassati

8 de junio — *Bondad*

«Lograrás más con palabras amables y un trato cortés que con la ira o la reprimenda aguda, que nunca debe usarse, sino en caso de necesidad».

– Santa Ángela Merici

9 de junio — *Perseverancia*

«Sagrado Corazón de Jesús, ayuda a mi corazón a perseverar en todo lo que es santo».

– Santa Rita de Casia

10 de junio — *Riqueza espiritual*

«Hagámonos como Cristo, ya que Cristo se hizo como nosotros. Asumió lo peor para darnos lo mejor; se hizo pobre para que nosotros, por Su pobreza, fuéramos ricos».

– San Gregorio Nacianceno

11 de junio — *Muerte*

«Es un acto de amor mostrar tristeza cuando nos arrancan a nuestros seres queridos, pero es un acto santo estar alegres por la esperanza y la confianza en las promesas de Dios».

– San Paulino de Nola

12 de junio — *Educación*

«Todas las batallas se ganan o se pierden primero en la mente».

– Santa Juana de Arco

13 de junio ——— *Amor*

«Amen a los pobres con ternura, considerándolos como sus amos y a ustedes como sus siervos».

– San Juan de Dios

14 de junio ——— *La creación de Dios*

«Cada día, mi amor por las montañas crece más y más. Si mis estudios me lo permitieran, pasaría días enteros en la montaña contemplando la grandeza del Creador en ese aire puro».

– Beato Pier Giorgio Frassati

15 de junio ——— *Santificación*

«La oración, la buena lectura, la frecuentación de los sacramentos, con las debidas disposiciones, y sobre todo la huida de la ociosidad, son, créanme, los medios para santificarse».

– San Pablo de la Cruz

16 de junio ——— *Generosidad*

«Yo no presto. Doy. ¿No ha sido el buen Dios el primero en darme?».

– San Juan Vianney

17 de junio ________________ *Evangelización*

«Debemos enseñar más con el ejemplo que con la palabra».

– Santa María MacKillop

18 de junio ____________________ *Penitencia*

«Es imposible encontrar un santo que no haya tomado en serio la oración y la penitencia».

– San Francisco Javier

19 de junio ______________________ *Amistad*

«Porque especialmente en esto se diferencia un amigo de un adulador: el adulador habla para dar placer, pero el amigo no se abstiene de nada, ni siquiera de lo que causa dolor».

– San Basilio el Grande

20 de junio ___________________ *Desolación*

«En tiempos de desolación, Dios se nos oculta para que podamos descubrir por nosotros mismos lo que somos sin Él».

– Santa Margarita de Cortona

21 de junio ______ *Oración*

«Es mejor rezar un solo Padre Nuestro con fervor y devoción que mil sin devoción y llenos de distracción».

– San Edmundo

22 de junio ______ *Sufrimiento*

«No busques los sufrimientos, pero no los rechaces. Valóralos como marcas preciosas de favor que Él te concede».

– Beato Sebastián Valfre

23 de junio ______ *Fe*

«Creo aunque no comprenda, y sostengo por la fe lo que no puedo captar con la mente».

– San Bernardo de Claraval

24 de junio ______ *Felicidad*

«Hijos míos, los tres actos de fe, esperanza y caridad contienen toda la felicidad del hombre en la tierra».

– San Juan Vianney

25 de junio — *Perdón*

«No el poder de recordar, sino su contrario, el poder de olvidar, es una condición necesaria para nuestra existencia».

– San Basilio el Grande

26 de junio — *Eucaristía*

«El camino más seguro, más fácil y más corto es la Eucaristía».

– San Pío X

27 de junio — *Tentación*

«No te aflijas por las tentaciones que sufres. Cuando el Señor quiere concedernos una virtud particular, a menudo permite que seamos tentados primero por el vicio opuesto. Por lo tanto, considera cada tentación como una invitación a crecer en una virtud particular y una promesa de Dios de que tendrás éxito, si te mantienes firme».

– San Felipe Neri

28 de junio — *Perfección*

«La verdadera perfección consiste en no tener más que un miedo: el miedo a perder la amistad de Dios».

– San Gregorio de Nisa

29 de junio — *El Padre Nuestro*

«Cuando rezas el Padre Nuestro, el oído de Dios está junto a tus labios».

– San André Besette

30 de junio — *Fe*

«Nunca serás feliz si tu felicidad depende de conseguir únicamente lo que quieres. Cambia el enfoque, consigue un nuevo centro, quiere lo que Dios quiere, y tu alegría nadie te la quitará».

– Fulton Sheen

JULIO

1 de julio — *Complacer a Dios*

«No creas que agradar a Dios consiste tanto en hacer mucho como en hacerlo con buena voluntad, sin posesividad y sin la aprobación de los hombres».

– San Juan de la Cruz

2 de julio — *Amor*

«Encontramos el descanso en los que amamos, y proporcionamos un lugar de descanso a los que nos aman».

– San Bernardo de Claraval

3 de julio — *Salud*

«No es solo el alma la que debe estar sana; si la mente está sana en un cuerpo sano, todo estará sano y mucho mejor preparado para dar a Dios un mayor servicio».

– San Ignacio de Loyola

4 de julio — *Oración*

«No hay nada que el demonio tema tanto, ni que trate de impedir, como la oración».

– San Felipe Neri

5 de julio — *Eternidad*

«¿Cómo puedes admirar los Cielos, hijo mío, cuando ves que tú eres más permanente que ellos? Porque los Cielos pasan, pero tú permanecerás por toda la eternidad con Él para siempre».

– San Gregorio de Nisa

6 de julio — *Donación secreta*

«A Dios le agrada más una obra, por pequeña que sea, hecha en secreto, sin deseo de que se conozca, que mil hechas con deseo de que los hombres las conozcan».

– San Juan de la Cruz

7 de julio — *Evangelización*

«Si consigo salvar una sola alma, puedo estar seguro de que la mía se salvará».

– Santo Domingo Savio

8 de julio — *Arrepentimiento*

«No te arrepientas de lo pasado; y no confíes en tu propia justicia».

– San Antonio de Padua

9 de julio — *Eternidad*

«Debemos establecer a menudo la comparación entre el tiempo y la eternidad. Este es el remedio de todos nuestros problemas. Qué pequeño parecerá el momento presente cuando entremos en ese gran océano».

– Santa Isabel Ann Seton

10 de julio — *Amor*

«Nos convertimos en lo que amamos y lo que amamos da forma a lo que llegamos a ser».

– Santa Clara de Asís

11 de julio — *Amor al prójimo*

«Nuestra vida y nuestra muerte están con el prójimo. Si ganamos a nuestro hermano, hemos ganado a Dios, pero si escandalizamos a nuestro hermano, hemos pecado contra Cristo».

– San Antonio el Grande

12 de julio — *Amistad*

«La verdadera amistad nunca debe ocultar lo que piensa».

– San Jerónimo

13 de julio — *Sociedad*

«Verdaderamente, las cosas en el mundo están en mal estado; pero si tú y yo empezamos en serio a reformarnos, se habrá hecho un comienzo realmente bueno».

– San Pedro de Alcántara

14 de julio — *Modestia*

«El vestido del cuerpo no debe desacreditar el bien del alma».

– San Cipriano de Cartago

15 de julio — *Orden*

«Donde hay orden, hay también armonía; donde hay armonía, hay también un tiempo correcto; donde hay un tiempo correcto, hay también una ventaja».

– San Ireneo

16 de julio — *Estudio*

«Que la devoción acompañe todos tus estudios, y estudia menos para hacerte erudito que para hacerte santo. Consulta a Dios más que a tus libros, y pídele, con humildad, que te haga entender lo que lees».

– San Vicente Ferrer

17 de julio — *Tesoro*

«El tesoro del cristiano no está en la tierra. Está en el Cielo. Pues bien. Nuestros pensamientos deben ir donde está nuestro tesoro. El hombre tiene una buena función: rezar y amar. Rezar, amar: ¡esa es la felicidad del hombre en la tierra!».

– San Juan Vianney

18 de julio — *Justicia social*

«Dondequiera que las personas estén sufriendo, dondequiera que estén humilladas por la pobreza o la injusticia, y dondequiera que se haga una burla de sus derechos, haz que tu tarea sea servirles».

– San Juan Pablo II

19 de julio — *Guerra espiritual*

«La fe significa batallas; si no hay contiendas, es porque no hay quien quiera contender».

– San Ambrosio de Milán

20 de julio ——— *Sufrimiento*

«Cuanto más nos aflijamos en este mundo, mayor será nuestra seguridad en el otro; cuanto más nos aflijamos en el presente, mayor será nuestra alegría en el futuro».

– San Isidro

21 de julio ——— *Fracaso*

«Toda caída, aunque sea muy grave y repetida, nos sirve siempre y solo como un pequeño paso hacia una perfección más elevada».

– San Maximiliano Kolbe

22 de julio ——— *Libros*

«Los libros son los amigos más maravillosos del mundo. Cuando los encuentras y los tomas, siempre están dispuestos a darte algunas ideas. Cuando los dejas, nunca se enojan; cuando los retomas, parecen enriquecerte aún más».

– Fulton Sheen

23 de julio — *Nuestras cruces en la vida*

«Fuera de la cruz, no hay otra escalera por la que podamos llegar al Cielo».

– Santa Rosa de Lima

24 de julio — *Oración*

«El ayuno es el alma de la oración, la misericordia es la savia del ayuno. Por eso, si rezas, ayuna; si ayunas, muestra misericordia; si quieres que tu petición sea escuchada, escucha la petición de los demás. Si no cierras tu oído a los demás, abres el oído de Dios a ti mismo».

– San Pedro Crisólogo

25 de julio — *Sagrada Escritura*

«Todos los que piden reciben, los que buscan encuentran, y a los que llaman se les abrirá. Por tanto, llamemos al hermoso jardín de la Escritura. Es fragante, dulce y florece con diversos sonidos de pájaros espirituales y divinamente inspirados. Cantan alrededor de nuestros oídos, cautivan nuestros corazones, consuelan a los dolientes, apaciguan a los iracundos y nos llenan de alegría eterna».

– San Juan de Damasco

26 de julio — *Pureza*

«¿Sabes que muchas veces una raíz ha partido una roca cuando ha querido permanecer en ella? No des lugar a la semilla del mal, pues romperá tu fe».

– San Cirilo de Jerusalén

27 de julio — *Lectura espiritual*

«No verás a nadie que se esfuerce verdaderamente por su progreso espiritual que no sea dado a la lectura espiritual».

– San Atanasio

28 de julio — *Acción de gracias*

«El secreto de la felicidad es vivir momento a momento y agradecer a Dios todo lo que Él, en Su bondad, nos envía día a día».

– Santa Gianna Molla

29 de julio — *Miedo*

«No temo nada, por las promesas del Cielo; porque me he puesto en manos de Dios Todopoderoso, que reina en todas partes».

– San Patricio

30 de julio — *Amor*

«La prueba del amor está en las obras. Donde existe el amor, obra grandes cosas. Pero cuando deja de actuar, deja de existir».

– Papa San Gregorio Magno

31 de julio — *Confiar en Dios*

«Ponte en manos de Dios; Él no abandona a nadie».

– San André Bessette

AGOSTO

1 de agosto — *Fe*

«No te preocupes por lo que tienes, sino por lo que eres».

– Papa San Gregorio Magno

2 de agosto — *Sabiduría de Dios*

«No sabía nada; no era nada. Por eso Dios me eligió».

– Santa Catalina Labouré

3 de agosto — *Salvación*

«El Señor es amoroso con el hombre, y rápido para perdonar, pero lento para castigar. Que nadie desespere, pues, de su propia salvación».

– San Cirilo de Jerusalén

4 de agosto — *Recordar a Dios*

«Acuérdate de Dios más a menudo de lo que respiras».

– San Gregorio Nacianceno

5 de agosto ——— *Problemas*

«No dejes que tus problemas perturben tu confianza en Dios».

– Santa María MacKillop

6 de agosto ——— *Generosidad*

«Si quieres ayudar a alguien, dale en secreto y evita la arrogancia».

– San Efrén

7 de agosto ——— *El amor de Dios*

«Si amamos a Jesús, seremos amados a su vez por Él, y eso es la felicidad perfecta».

– Santa Rosa Filipina Duchesne

8 de agosto ——— *Críticas*

«No se haría nada en absoluto, si un hombre esperara a hacerlo tan bien que nadie pudiera encontrarle defectos».

– San Juan Enrique Newman

9 de agosto *Misericordia*

«Con tus oraciones puedes hacer caer la lluvia de la misericordia».

– San Charbel Makhlouf

10 de agosto *Confiar en Dios*

«Lo mejor para nosotros no es lo que consideramos mejor, sino lo que el Señor quiere de nosotros».

– Santa Josefina Bakhita

11 de agosto *Esperanza*

«No te desanimes, aunque descubras que careces de las cualidades necesarias para el trabajo al que has sido llamado. El que te ha llamado no te abandonará, sino que cuando estés necesitado te tenderá Su mano salvadora».

– Santa Ángela Merici

12 de agosto — *Crianza de los hijos*

«¿No es absurdo enviar a los hijos a los trabajos y a la escuela, y hacer todo lo posible para prepararlos para ello, y sin embargo no "educarlos en la corrección y amonestación del Señor (Ef. 6, 4)"? Se necesita disciplina, no elocuencia; carácter, no astucia; hechos, no palabras. Estas ganan al hombre el reino».

– San Juan Crisóstomo

13 de agosto — *Ansiedad*

«La ansiedad es el mayor mal que puede sufrir un alma, excepto el pecado. Dios te manda rezar, pero te prohíbe preocuparte».

– San Francisco de Sales

14 de agosto — *Jóvenes*

«La principal trampa que el diablo tiende a los jóvenes es la ociosidad. Esta es una fuente fatal de todos los males. Que no te quepa la menor duda de que el hombre ha nacido para trabajar, y cuando no lo hace, está fuera de su elemento y corre gran peligro de ofender a Dios».

– San Juan Bosco

15 de agosto ______________________ *Enseñanza*

«Tocar el corazón de tus alumnos es el mayor milagro que puedes hacer».

– San Juan Bautista de La Salle

16 de agosto __________________ *Planificación*

«En cuanto al pasado, confiémoslo a la misericordia de Dios, el futuro a la Divina Providencia. Nuestra tarea es vivir santamente el momento presente».

– Santa Gianna Molla

17 de agosto _______________________ *Infancia*

«Sé un buen niño y Dios te ayudará».

– Santa Juana de Arco

18 de agosto ________________ *Guerra espiritual*

«Ármate con la oración más que con la espada; usa la humildad más que las ropas finas».

– Santo Domingo

19 de agosto ——— *Amor al prójimo*

Cita: «Aprendamos a sentir los males que sufre nuestro prójimo, y aprenderemos a soportar los males que nos infligen».

– San Juan Crisóstomo

20 de agosto ——— *Disciplina*

«Es imposible que nuestra naturaleza humana deje de moverse nunca; ha sido hecha por su Creador para seguir cambiando siempre. Por eso, cuando le impedimos gastar su energía en pequeñeces, y le impedimos por todos lados hacer lo que no debe, necesariamente debe moverse en un camino recto hacia la verdad».

– San Gregorio de Nisa

21 de agosto ——— *Confiar en Dios*

«Quien no confía en el Señor en los asuntos pequeños es claramente un incrédulo en las cosas de mayor importancia».

– San Basilio el Grande

22 de agosto ——— *Enfermedad*

«Toda enfermedad y toda prueba son permitidas por Dios como el medio por el cual podemos asegurar mejor nuestra salvación».

– Beato Sebastián Valfre

23 de agosto ——— *Palabras duras*

«Procura abstenerte de palabras duras. Pero si las pronuncias, no te avergüences de aplicar el remedio de los mismos labios que infligieron las heridas».

– San Francisco de Paula

24 de agosto ——— *Fracaso*

«Cuando somos conscientes de haber fallado y de haber obrado mal, debemos humillarnos ante Dios, implorar Su perdón, y luego seguir adelante tranquilamente. Nuestros defectos deben hacernos humildes, pero nunca cobardes».

– San Clemente María Hofbauer

25 de agosto — *Nuestras cruces en la vida*

«Haz como el comerciante con su mercancía: Saca provecho de cada artículo. No permitas que se pierda el más mínimo fragmento de la verdadera cruz. Puede ser solo la picadura de un tábano o el pinchazo de un alfiler lo que te moleste; pueden ser las pequeñas excentricidades de un vecino, algún desaire involuntario, la pérdida insignificante de un centavo, alguna pequeña inquietud del alma, un ligero dolor en tus miembros. Aprovecha cada cosa, como hace el tendero, y pronto serás rico en Dios».

– San Luis de Montfort

26 de agosto — *Oración*

«Debemos rezar sin cansarnos, porque la salvación de la humanidad no depende del éxito material, sino solo de Jesús».

– Santa Francisca Javier Cabrini

27 de agosto — *Sacrificio*

«El diablo nos teme cuando rezamos y hacemos sacrificios. También tiene miedo cuando somos humildes y buenos. Tiene miedo sobre todo cuando amamos mucho a Jesús. Huye cuando hacemos la señal de la Cruz».

– San Antonio de Padua

28 de agosto ________________ *Caridad*

«La caridad es aquello con lo que ningún hombre se pierde, y sin lo que ningún hombre se salva».

– San Roberto Belarmino

29 de agosto ____________ *Acción de gracias*

«Agradece a Dios antes de tiempo».

– Beato Solanus Casey

30 de agosto ________________ *Servir a Dios*

«Quiero vivir como Él quiere y quiero servirle como Él quiere, y nada más».

– Santa Rosa Venerini

31 de agosto ____________________ *Valor*

«El buen Dios no hace las cosas a medias; siempre da lo que necesitamos. Sigamos, pues, con valentía».

– Santa Zelie Martin

SEPTIEMBRE

1 de septiembre — *Creer*

«Todo es posible para el que cree, más para el que espera, y más aún para el que ama».

– San Lorenzo de Brindisi

2 de septiembre — *El amor de Dios*

«Nada está lejos de Dios».

– Santa Mónica

3 de septiembre — *Vida*

«No temas que tu vida llegue a su fin, sino más bien teme que nunca tenga un comienzo».

– San Juan Enrique Newman

4 de septiembre — *Paciencia*

«Es la paciencia la que te revela toda gracia, y es a través de la paciencia que los santos recibieron todo lo que se les prometió».

– San Pacomio el Grande

5 de septiembre ——— *Verdad*

«Proclama la verdad y no calles por miedo».

– Santa Catalina de Siena

6 de septiembre ——— *Chismes*

«Si se dice algo poco caritativo en tu presencia, habla a favor del ausente, o retírate, o si es posible deja la conversación».

– San Juan Vianney

7 de septiembre ——— *Problemas*

«Pon todas tus preocupaciones sobre el futuro confiadamente en manos de Dios, y déjate guiar por el Señor como un niño pequeño».

– Santa Edith Stein

8 de septiembre ——— *Miedo sagrado*

«No tengo miedo. Nací para esto».

– Santa Juana de Arco

9 de septiembre — *Misericordia*

«Háblales de la gran misericordia de Dios. A veces, a la gente le ayuda que le cuentes tu propio pasado lamentable».

– San Francisco Javier

10 de septiembre — *Devoción*

«Ama totalmente a Aquel que se entregó totalmente por tu amor».

– Santa Clara de Asís

11 de septiembre — *Confiar en Dios*

«Confía en Dios que estás exactamente donde debes estar».

– Santa Teresa de Ávila

12 de septiembre — *Cantar*

«Y mientras cantamos, recordar que cantar es rezar doblemente. A la vez en nuestro corazón y en nuestra lengua, ofrecemos una doble oración enviada al Cielo en notas aladas para alabar a Dios que habita allí».

– Santa Cecilia

13 de septiembre ——— *Misión*

«Señor, si tu pueblo me necesita, no rechazaré el trabajo. Hágase tu voluntad».

– San Martín de Tours

14 de septiembre ——— *Feminidad*

«Tanto la compañía espiritual como la maternidad espiritual no se limitan a la relación física de esposa y madre, sino que se extienden a todas las personas con las que la mujer entra en contacto».

– Santa Edith Stein

15 de septiembre ——— *Vida*

«No mires al pasado, ni al futuro. Reclama solo el presente, pues en él está la voluntad de Dios».

– Santa Rosa Filipina Duchesne

16 de septiembre — *Compasión*

«La compasión, mi querido hermano, es preferible a la limpieza. Reflexiona que con un poco de jabón puedo limpiar fácilmente las sábanas de mi cama, pero ni con un torrente de lágrimas lavaría de mi alma la mancha que crearía mi dureza con los desgraciados».

– *San Martín de Porres*

17 de septiembre — *La creación de Dios*

«Cada día que pasa, me enamoro más desesperadamente de las montañas... Cada vez estoy más decidido a subir a las montañas, a escalar las poderosas cumbres, a sentir esa alegría pura que solo se puede sentir en las montañas».

– *Beato Pier Giorgio Frassati*

18 de septiembre — *Corazones endurecidos*

«Reza para ablandar los corazones endurecidos, para abrir las mentes oscurecidas».

– *San Charbel Makhlouf*

19 de septiembre — *Amar a nuestros enemigos*

«No ames en tus enemigos lo que son, sino lo que quisieras que fueran».

– San Agustín

20 de septiembre — *Fortaleza*

«Uno de los deberes de la fortaleza es evitar que los débiles reciban injurias; otro, frenar los movimientos erróneos de nuestras propias almas; un tercero, tanto hacer caso omiso de las humillaciones, como hacer lo que es correcto con una mente ecuánime».

– San Ambrosio de Milán

21 de septiembre — *Los que tienen menos entre nosotros*

«Cuando te compadeces de los pobres, prestas a Dios; y quien da a los más pequeños, da a Dios un sacrificio espiritual perfumado para Él».

– San Cipriano de Cartago

22 de septiembre — *Evangelización*

«Nunca he tenido éxito cuando he hablado con la débil sospecha de dureza. Hay que estar siempre en guardia para no amargar el corazón, si se quiere conmover la mente».

– San Vicente de Paúl

23 de septiembre — *Sufrimiento*

«No te estremezcas bajo el martillo que te golpea. Ten un ojo en el cincel que te corta y en la mano que te da forma. El hábil y amoroso Arquitecto puede querer hacer de ustedes las principales piedras de Su eterno edificio y las más bellas estatuas de Su reino. Pues deja que lo haga. Él te ama. Sabe lo que hace. Tiene experiencia. Todos Sus golpes son hábiles, rectos y amorosos. Nunca falla, a no ser que tú lo provoques con tu impaciencia».

– San Luis de Montfort

24 de septiembre — *La voluntad de Dios*

«Nunca le digas a Dios: "¡Basta!" Di simplemente: "Estoy dispuesto"».

– Beato Sebastián Valfre

25 de septiembre — *Alabanza*

«El veneno más mortal de nuestro tiempo es la indiferencia. Y esto sucede, aunque la alabanza a Dios no debería conocer límites. Esforcémonos, por tanto, en alabarle en la mayor medida de nuestras fuerzas».

– San Maximiliano Kolbe

26 de septiembre — *Limosna*

«Nuestras oraciones se hacen efectivas mediante la limosna; la vida se rescata de los peligros mediante la limosna; las almas se libran de la muerte mediante la limosna».

– San Cipriano de Cartago

27 de septiembre — *Fe*

«Si tu fe fuera mayor, cuánto más tranquilo estarías incluso cuando las grandes pruebas te rodean y oprimen».

– Santa Paula Frassinetti

28 de septiembre — *Oración*

«Dios es un manantial de agua viva que fluye incesantemente en los corazones de los que rezan».

– San Luis de Montfort

29 de septiembre ______________ *Compasión*

«Debemos amar y sentir compasión por los que nos oprimen, ya que se perjudican y nos hacen bien, y nos adornan con coronas de gloria eterna».

– San Antonio María Zaccaria

30 de septiembre ______________ *Prioridades*

«Nuestro negocio es ganar el Cielo, ¡todo lo demás es una pura pérdida de tiempo!”

– San Vicente de Paúl

OCTUBRE

1 de octubre — *El amor de Dios*

«Aférrate a Dios y deja todo lo demás en Sus manos. Él no te dejará perecer. Tu alma le es muy querida. Quiere salvarla».

– Santa Margarita María Alacoque

2 de octubre — *Voz interior*

«Escucha y atiende con el oído de tu corazón».

– San Benito

3 de octubre — *Trabajo*

«Dirige todos tus pensamientos y aspiraciones al Cielo. Trabaja duro para asegurarte un lugar allí para siempre».

– San Damián

4 de octubre — *Hablar*

«Guárdate de hablar mucho, porque destierra del alma los santos pensamientos y el recogimiento con Dios».

– San Doroteo

5 de octubre — *Leer*

«Cuando rezamos hablamos con Dios; pero cuando leemos, Dios nos habla».

– San Jerónimo

6 de octubre — *Amor al prójimo*

«Quien no es bueno con los demás es malo consigo mismo».

– Papa San León Magno

7 de octubre — *Justicia*

«La regla de la justicia es clara: a saber, que un hombre bueno no debe desviarse de la verdad, ni infligir ninguna pérdida injusta a nadie, ni actuar de ninguna manera engañosa o fraudulenta».

– San Ambrosio de Milán

8 de octubre — *Vida de fe*

«Dios no se contenta con la apariencia. Dios quiere el ropaje de la justicia. Dios quiere a Sus cristianos vestidos de amor».

– San Óscar Romero

9 de octubre ______________ *Generosidad*

«Cuando servimos a los pobres y a los enfermos, servimos a Jesús. No debemos dejar de ayudar al prójimo porque en él servimos a Jesús».

– Santa Rosa de Lima

10 de octubre ______________ *Confianza en Dios*

«Confío en Dios y no deseo otra cosa que Su voluntad».

– San Zygmunt Felinski

11 de octubre ______________ *Evangelización*

«Mi trabajo es informar, no convencer».

– Santa Bernadette Soubirious

12 de octubre ______________ *Feminidad*

«Ser esposa y madre nunca fue un obstáculo para mi vida espiritual».

– Beata Concepción Cabrera de Armida

13 de octubre — *Crianza de los hijos*

«¡Apártense, padres y madres malditos! Partan al infierno donde los espera la ira de Dios, a ustedes y a las buenas obras que han hecho, mientras todo el tiempo han dejado que sus hijos anden sueltos. Váyanse al infierno; no tardarán en reunirse con ustedes allí».

– San Juan Vianney

14 de octubre — *Aprendizaje continuo*

«Lo más triste de cualquier hombre es que sea ignorante, y lo más emocionante es que lo sepa».

– San Alfredo el Grande

15 de octubre — *Santos*

«Pide a Jesús que haga de ti un santo. Después de todo, solo Él puede hacerlo».

– Santo Domingo Savio

16 de octubre — *Sabiduría*

«Solo busco en mi vejez perfeccionar lo que antes no había aprendido a fondo en mi juventud, porque mis pecados eran un obstáculo para mí».

– San Patricio

17 de octubre — *Entrega total*

«Apóyate en tu Amado porque el alma que se abandona en las manos de Jesús en todo lo que hace es llevada en Sus brazos».

– Santa Clara de Asís

18 de octubre — *Preocupación*

«No hay dificultades sino para los que se preocupan demasiado por el mañana».

– Santa Rosa Filipina Duchesne

19 de octubre — *Deportes*

«Los deportes, los bailes, las obras de teatro, las fiestas, las pompas, no son en sí mismos malos, sino asuntos indiferentes, capaces de ser utilizados para el bien o el mal. Digo que aunque es lícito divertirse, bailar, vestirse, festejar y ver obras de teatro decorosas, al mismo tiempo, si eres muy adicto a estas cosas, obstaculizarán tu devoción, y se volverán extremadamente dañinas y peligrosas para ti».

– San Francisco de Sales

20 de octubre — *Amor*

«El amor nunca dice: ¡Ya hice bastante!».

– Santa María Eugenia de Jesús

21 de octubre — *La Palabra de Dios*

«El amor es la más necesaria de todas las virtudes. El amor en la persona que predica la Palabra de Dios es como el fuego en un mosquete. Si una persona lanzara una bala con sus manos, apenas haría mella en nada; pero si la persona toma la misma bala y enciende un poco de pólvora detrás de ella, puede matar. Lo mismo ocurre con la Palabra de Dios. Si la toma alguien que está lleno del fuego de la caridad —el fuego del amor a Dios y al prójimo— hará maravillas».

– San Antonio María Claret

22 de octubre — *Doctrina y buenas obras*

«Dios no acepta las doctrinas al margen de las buenas obras, ni las obras, cuando se separan de las doctrinas piadosas, son aceptadas por Dios».

– San Cirilo de Jerusalén

23 de octubre — *Oración*

«Adquiere el hábito de hablar con Dios como si estuvieras a solas con Él, con familiaridad, confianza y amor, como con el más querido y afectuoso de los amigos».

– *San Alfonso de Ligorio*

24 de octubre — *Pasiones*

«El hombre que gobierna sus pasiones es dueño de su mundo. Hay que dominarlas o ser esclavo de ellas. Es mejor ser un martillo que un yunque».

– *Santo Domingo*

25 de octubre — *Acción de gracias*

«Sé bondadoso con los pobres, los desgraciados y los afligidos. Dales toda la ayuda y el consuelo que puedas. Da gracias a Dios por todos los beneficios que te ha concedido, para que seas digno de recibir otros mayores».

– *San Luis IX*

26 de octubre ——— *Buena intención*

«Si te ocupas durante toda la meditación en combatir las distracciones y las tentaciones, habrás hecho una buena meditación. El Señor se fija en la buena intención que tenemos y en el esfuerzo que hacemos, y esto lo premia».

– San Francisco de Sales

27 de octubre ——— *Evangelización*

«Sepan que el mayor servicio que el hombre puede ofrecer a Dios es ayudar a la conversión de las almas».

– Santa Rosa de Lima

28 de octubre ——— *Fe*

«La fe de los que viven su fe es una fe serena. Lo que anhelas se te dará; lo que amas será tuyo para siempre».

– San León Magno

29 de octubre ——— *El tiempo de Dios*

«Él ama, Él espera, Él aguarda. Nuestro Señor prefiere esperar Él mismo al pecador durante años antes que hacernos esperar un instante».

– Santa María Goretti

30 de octubre ——— *Creer*

«Les aseguro que Dios es mucho mejor de lo que ustedes creen. Se contenta con una mirada, con un suspiro de amor».

– Santa Teresa de Lisieux

31 de octubre ——— *Muerte*

«Cuando la muerte corta la vida de una persona, Dios envía inmediatamente a Sus ángeles para que custodien el alma en su regreso a su Creador».

– San Hugo de Lincoln

NOVIEMBRE

1 de noviembre — *Santos*

«No tengan miedo de ser santos. Sigan a Jesucristo, que es la fuente de libertad y de luz. Estén abiertos al Señor para que Él ilumine todos sus caminos».

– Papa San Juan Pablo II

2 de noviembre — *Dolor*

«La pena puede aliviarse con un buen sueño, un baño y un vaso de vino».

– Santo Tomás de Aquino

3 de noviembre — *Fe*

«No dijo: No te turbarás, no te tentarás, no te angustiarás. Sino que dijo: No serás vencido».

– Santa Juliana de Norwich

4 de noviembre — *Compasión*

«El Señor me ha amado tanto: debemos amar a todos. Debemos ser compasivos».

– Santa Josefina Bakhita

5 de noviembre — *Vida*

«El pasado ya no es tuyo; el futuro aún no está en tu poder. Solo tienes el presente en el que hacer el bien».

– San Alfonso de Ligorio

6 de noviembre — *Esperanza*

«Si no tienes esperanza, no encontrarás lo que está más allá de tus esperanzas».

– San Clemente de Alejandría

7 de noviembre — *Libros*

«Deja que los libros sean tu mesa de comedor, y estarás lleno de delicias».

– San Efrén

8 de noviembre — *La abundancia de Dios*

«No hay nada que podamos desear o querer que no encontremos en Dios».

– Santa Catalina de Siena

9 de noviembre — *Humildad*

«El primer grado de humildad es la obediencia pronta».

– San Benito

10 de noviembre — *Humildad*

«La humildad es la virtud que requiere mayor esfuerzo».

– Santa Rosa Filipina Duchesne

11 de noviembre — *Amistad*

«La amistad es la fuente de los mayores placeres, y sin amigos hasta las actividades más agradables se vuelven tediosas».

– Santo Tomás de Aquino

12 de noviembre — *Excelencia*

«Nadie puede sobresalir en las cosas grandes si no sobresale primero en las pequeñas».

– San Francisco Javier

13 de noviembre — *Palabrotas*

«Las palabras soeces nos hacen sentirnos cómodos con las acciones soeces. Pero quien sabe dominar la lengua está preparado para resistir los ataques de la lujuria».

– Papa San Clemente I

14 de noviembre — *Ejercicio*

«Acuérdate de que el ejercicio corporal, cuando está bien ordenado, como he dicho, es también oración por medio de la cual puedes agradar a Dios nuestro Señor».

– San Ignacio de Loyola

15 de noviembre — *La creación de Dios*

«Porque cuando se considera el universo, ¿puede alguien ser tan simple de mente como para no creer que la Divinidad está presente en todo, impregnándolo, abarcándolo y penetrándolo?».

– San Gregorio de Nisa

16 de noviembre ___________ *Evangelización*

«Si de verdad quieres ayudar al alma de tu prójimo, debes acercarte primero a Dios con todo tu corazón. Pídele simplemente que te llene de caridad, la mayor de las virtudes; con ella podrás realizar lo que deseas».

– San Vicente Ferrer

17 de noviembre ___________ *Maternidad*

«Ser madre es alimentar y proteger la verdadera humanidad y llevarla al desarrollo».

– Santa Edith Stein

18 de noviembre ___________ *Timidez*

«El mayor obstáculo en el apostolado de la Iglesia es la timidez o más bien la cobardía de los fieles».

– Papa San Pío X

19 de noviembre ___________ *Soledad*

«Instálate en la soledad, y te encontrarás con Dios en ti mismo».

– Santa Teresa de Ávila

20 de noviembre ——— *Oración*

«Debemos orar sin cesar, en cada acontecimiento y empleo de nuestra vida; esa oración que es más bien un hábito de elevar el corazón a Dios como en una constante comunicación con Él».

– Santa Isabel Ana Seton

21 de noviembre ——— *Confesión*

«La confesión cura, la confesión justifica, la confesión concede el perdón de los pecados, toda esperanza consiste en la confesión; en la confesión hay una posibilidad de misericordia».

– San Isidro

22 de noviembre ——— *Nuestras cruces en la vida*

«La cruz es el camino del paraíso, pero solo cuando se lleva de buen grado».

– San Pablo de la Cruz

23 de noviembre ——— *Ayuno*

«Cuando un hombre comienza a ayunar, enseguida anhela en su mente entrar en conversación con Dios».

– San Isaac el sirio

24 de noviembre — *Fe*

«Es bueno que la fe preceda a la razón, para que no parezca que exigimos razones a nuestro Señor Dios del mismo modo que podríamos exigirlas a un hombre. ¡Qué indigno sería creer en los testimonios humanos de otro, y no creer en las palabras de Dios mismo!

– San Ambrosio de Milán

25 de noviembre — *Esperanza*

«Los que tienen el corazón ensanchado por la confianza en Dios corren rápidamente por el camino de la perfección. No solo corren, sino que vuelan, porque, habiendo puesto toda su esperanza en el Señor, ya no son débiles como antes. Se hacen fuertes con la fuerza de Dios, que se da a todos los que ponen su confianza en Él».

– San Alfonso de Ligorio

26 de noviembre — *Paz*

«Sin duda, en todos los corazones hay un deseo de paz. Pero qué insensato es quien busca esta paz al margen de Dios; porque si se expulsa a Dios, se destierra la justicia, y una vez que falla la justicia, se pierde toda esperanza de paz».

– Papa San Pío X

27 de noviembre ——— *Paz*

«¿Quién, sino Dios, puede darte la paz? ¿Acaso el mundo ha sido capaz de satisfacer el corazón?».

– San Gerardo Majella

28 de noviembre ——— *Oración*

«La oración es la raíz, la fuente, la madre de mil bendiciones».

– San Juan Crisóstomo

29 de noviembre ——— *Confiar en Dios*

«Actúa, y Dios actuará».

– Santa Juana de Arco

30 de noviembre ——— *Llegar a ser todo lo que podemos ser*

«Jesús, ayúdame a simplificar mi vida aprendiendo lo que quieres que sea y convirtiéndome en esa persona».

– Santa Teresa de Lisieux

DICIEMBRE

1 de diciembre — *El amor de Dios*

«No somos la suma de nuestras debilidades y fracasos, somos la suma del amor del Padre por nosotros y nuestra capacidad real de convertirnos en la imagen de Su Hijo Jesús».

– Papa San Juan Pablo II

2 de diciembre — *Fe*

«Si Dios puede obrar a través de mí, puede hacerlo a través de cualquiera».

– San Francisco de Asís

3 de diciembre — *Entrega total*

«Hay un estado de reposo en Dios; una ruptura absoluta de toda actividad intelectual, cuando uno no forma planes, no toma decisiones, y por primera vez deja realmente de actuar; cuando uno simplemente entrega el futuro a la voluntad de Dios y "se entrega al Destino"».

– Santa Benedicta de la Cruz

4 de diciembre — *Amor*

«Primero dejen que un poco de amor encuentre entrada en sus corazones, y lo demás vendrá por añadidura».

– San Felipe Neri

5 de diciembre ——— *Bondad*

«Ningún acto de bondad, por pequeño que sea, se desperdicia jamás».

– San Sebastián

6 de diciembre ——— *Caridad*

«La verdadera caridad consiste en hacer el bien a los que nos hacen el mal, y en ganarlos así».

– San Alfonso de Ligorio

7 de diciembre ——— *Buenas obras*

«Un solo acto de amor puro Me agrada más que mil oraciones imperfectas».

– Santa Faustina (de una visión de Jesús)

8 de diciembre ——— *Reverencia*

«Sé un católico: cuando te arrodilles ante un altar, hazlo de tal manera que los demás puedan reconocer que sabes ante quién te arrodillas».

– San Maximiliano Kolbe

9 de diciembre ——— *Paraíso*

«Uno se gana el paraíso con sus tareas diarias».

– Santa Gianna Molla

10 de diciembre ——— *Gracia*

«Dios no puede negar Su gracia a un alma precargada para recibirla más de lo que el sol puede dejar de brillar a través de una ventana abierta».

– San Juan Fisher

11 de diciembre ——— *Justicia social*

«Los que tienen voz deben hablar por los que no tienen voz».

– San Óscar Romero

12 de diciembre ——— *Amistad*

«La verdadera amistad no puede albergar ninguna sospecha; un amigo debe hablar a un amigo tan libremente como a su segundo yo».

– San Jerónimo

13 de diciembre ——— *Moderación*

«Cuanto más usa el hombre la moderación en su vida, más está en paz, pues no está lleno de preocupaciones por muchas cosas».

– San Antonio el Grande

14 de diciembre ——— *Feminidad*

«Puesto que María es el prototipo de la feminidad pura, la imitación de María debe ser el objetivo de la educación de las niñas».

– Santa Edith Stein

15 de diciembre ——— *Posibilidades*

«No consultes tus miedos, sino tus esperanzas y tus sueños. No pienses en tus frustraciones, sino en tus posibilidades no realizadas. Preocúpate no por lo que intentaste y fracasaste, sino por lo que todavía es posible que hagas».

– Papa San Juan XXIII

16 de diciembre ——— *Posesiones materiales*

«El rico no es el que posee mucho, sino el que da mucho».

– San Juan Crisóstomo

17 de diciembre ——— *María*

«Que María no esté nunca lejos de tus labios y de tu corazón. Siguiéndola, nunca perderás el camino. Rezándole, nunca te hundirás en la desesperación. Contemplándola, nunca te equivocarás».

– San Bartolomé

18 de diciembre ——— *Vida familiar*

«La familia es la base en el plan del Señor, y todas las fuerzas del mal pretenden demolerla. Defiendan a sus familias y guárdenlas contra los rencores del maligno por la presencia de Dios».

– San Charbel

19 de diciembre ——— *Vida*

«La vida es una sucesión de momentos; vivir cada uno de ellos es tener éxito».

– Santa Dimpna

20 de diciembre ——— *Caridad*

«La caridad gana las almas y las atrae a la virtud».

– Santa Ángela Merici

21 de diciembre *Generosidad*

«Reflexiona que en realidad tienes más necesidad de servir a los pobres que ellos de tu servicio».

– Santa Ángela Merici

22 de diciembre *Oración*

«No hay peligro si nuestra oración es sin palabras o sin reflexión, porque el buen éxito de la oración no depende ni de las palabras ni del estudio. Depende de la simple elevación de nuestra mente hacia Dios, y mientras más simple y despojada de sentimientos sea, más segura será».

– Santa Juana Francisca de Chantal

23 de diciembre *Buenas obras*

«Un árbol se conoce por sus frutos; un hombre por sus obras. Una buena acción nunca se pierde; quien siembra cortesía cosecha amistad, y quien siembra bondad recoge amor».

– San Basilio el Grande

24 de diciembre *Fe secreta*

«El acto de fe más hermoso es el que se hace en la oscuridad, en el sacrificio y con extremo esfuerzo».

– San Padre Pío

25 de diciembre ______ *Generosidad*

«Da algo, por pequeño que sea, al que lo necesita. Porque no es pequeño para quien no tiene nada. Tampoco es pequeño para Dios, si hemos dado lo que podíamos».

– San Gregorio Nacianceno

26 de diciembre ______ *Santos*

«Los santos deben ser honrados como amigos de Cristo e hijos y herederos de Dios. Observemos con atención el estilo de vida de todos los apóstoles, mártires, ascetas y justos que anunciaron la venida del Señor. Y emulemos su fe, su caridad, su esperanza, su celo, su vida, su paciencia en el sufrimiento y su perseverancia hasta la muerte, para que podamos compartir también sus coronas de gloria».

– San Juan de Damasco

27 de diciembre ______ *Leer*

«Solo Dios sabe el bien que puede hacer la lectura de un buen libro católico».

– San Juan Bosco

28 de diciembre _______________ *Silencio*

«Quien sabe guardar silencio está cerca de Dios».

– Beato Sebastián Valfre

29 de diciembre _______________ *La Iglesia*

«Cristo no tiene ahora en la tierra más cuerpo que el tuyo, ni más manos, ni más pies que los tuyos. Tuyos son los ojos con los que Cristo mira Su compasión al mundo. Tuyos son los pies con los que ha de ir haciendo el bien. Tuyas son las manos con las que ha de bendecirnos ahora».

– Santa Teresa de Ávila

30 de diciembre __________ *El poder de Dios*

«No hay nada imposible para Dios».

– Santa Rita

31 de diciembre _______________ *Sé la luz*

«Un solo rayo de sol basta para alejar muchas sombras».

– San Francisco de Asís